Bond

No Nonsense
Maths

9–10 years

Contents

Lesson		
1	Recognising and ordering big numbers	2
2	Negative numbers	4
3	Addition and subtraction	6
4	Multiplying and dividing by 10, 100 and 1 000	8
5	Times tables	10
6	Time	12
7	Length	14
8	Perimeter	16
9	Which operation? +, −, ×, ÷	18
	How am I doing?	20
10	Number bonds	22
11	Rounding numbers	24
12	Multiplication	26
13	Division	28
14	Calculations	30
15	Angles	32
16	Fractions	34
17	Mass	36
18	Area	38
19	Shape	40
	How am I doing?	42
20	Number sequences	44
21	Problems with money	46
22	Percentages	48
23	Multiples and factors	50
24	Square numbers	52
25	Decimals	54
26	Solving problems	56
27	Capacity	58
28	Line graphs	60
	How am I doing?	62
	Try the 10–11 years book	64

Central pull-out pages

Parents' notes   A1
Answers   A2–4

Lesson 1

Recognising and ordering big numbers

MILLION	HUNDRED THOUSAND	TEN THOUSAND	THOUSANDS	HUNDREDS	TENS	UNITS
1	4	3	7	2	6	9

One million, four hundred and thirty-seven thousand, two hundred and sixty-nine

1. Match the written number with the correct card. Join the dots.

    a Six thousand four hundred and eighty-seven

    b Fifty-nine thousand, eight hundred and seven

    c Thirty-five thousand, two hundred and sixty-nine

    d Seven hundred and eight thousand and three

    e One million, one hundred and ten thousand and eleven

    59 807
    708 003
    35 269
    6487
    1 110 011

2. What number needs to go in the box?

    a 28 717 = ☐ + 8000 + 700 + 10 + 7

    b 76 923 = 70 000 + ☐ + 900 + 20 + 3

    c 83 641 = 80 000 + 3000 + ☐ + 40 + 1

    d 52 876 = 50 000 + 2000 + 800 + ☐ + 6

    e 39 681 = 30 000 + 9000 + 600 + 80 + ☐

3. Write these numbers as words.

    a 7623 _____

    b 223 400 _____

    c 78 231 _____

4. a Put these numbers in order, largest first.

    2 369   **223 693**   **26 393**   **93 362**   **6 932**

    ☐   ☐   ☐   ☐   ☐

  b Which two numbers have the digit 3 in the thousands column? ☐ ☐

  c Write the number 23 693 in words.

    _____

5. Add the correct 'more than' (>) or 'less than' (<) sign.

  a 4 837 ☐ 4 738   b 23 687 ☐ 23 678   c 286 383 ☐ 268 383

  d 86 261 ☐ 86 621   e 31 002 ☐ 32 001   f 793 976 ☐ 793 796

6. How many more is …

  a 3 628 than 2 628?   *1 000*   b 29 345 than 28 345? _____

  c 326 516 than 326 416? _____   d 568 268 than 568 258? _____

| 0 | Tough | OK | Got it! | 24 |

Total ☐/24

Challenge yourself

a Using each digit only once, make the largest number you can. _____

    2   **9**   **6**   **8**   **5**   **3**

b Write the answer for a in words. _____

    _____

c Using each digit only once, make the smallest number you can. _____

d Add 10 000 to this number. _____

Lesson 2

Negative numbers

We use negative numbers to measure cold temperatures with a thermometer.

If the temperature rises from −3 °C to 4 °C the temperature has risen by 7 degrees.

1. By how many degrees does the temperature rise?

a   The temperature is −1 °C. It rises to 8 °C.   __9__ degrees

b   The temperature is −5 °C. It rises to 4 °C.   _____ degrees

c   The temperature is −3 °C. It rises to 10 °C.   _____ degrees

Try these without looking at a thermometer.

d   The temperature is −2 °C. It rises to 7 °C.   _____ degrees

e   The temperature is −8 °C. It rises to 1 °C.   _____ degrees

f   The temperature is −6 °C. It rises to 11 °C.   _____ degrees

2. Answer these problems.

 a The temperature is 2°C. It falls by 5°C.   What is the temperature now? _____

 b The temperature is 6°C. It falls by 10°C.   What is the temperature now? _____

 c The temperature is 12°C. It falls by 12°C.   What is the temperature now? _____

3. Put these numbers in order, lowest first.

 a | −1 | | −4 | | 0 | | 4 | | 1 |

 −4 _____ _____ _____ _____

 b | 6 | | −3 | | 5 | | −2 | | 10 |

 _____ _____ _____ _____ _____

 c | 2 | | −2 | | −12 | | −22 | | 12 |

 _____ _____ _____ _____ _____

Tough | OK | Got it!   0 — 11   Total /11

Challenge yourself

Here are some rows of cards.
Fill in the missing cards so that the five numbers are in order.

 a | −6 | −5 | −4 | −3 | −2 |

 b | −1 | | 1 | | 3 |

 c | −12 | | −10 | | −8 |

 d | −3 | | −1 | | 1 |

 e | −26 | | −24 | 0 | −22 |

Lesson 3

Addition and subtraction

This is how to do addition calculations using the 'carrying' method ...

```
  2 1 6 8        2 1 6 8        2 1 6 8        2 1 6 8
+ 3 9 5 3      + 3 9 5 3      + 3 9 5 3      + 3 9 5 3
─────────      ─────────      ─────────      ─────────
        1            2 1          1 2 1        6 1 2 1
        1          1 1          1 1 1        1 1 1
```

When the numbers in a column total more than 10, the ten is carried to the next column.

1. Complete these additions.

   a   3 7 6 5
      + 1 6 9 7

   b   7 5 8 9
      + 1 6 6 3

   c   2 7 3 8
      + 3 3 8 5

   d   5 4 7 6
      + 3 7 6 1

   e   1 9 8 3
      + 1 5 6 1

   f   3 2 9 9
      + 1 7 1 6

   g   6 8 1 7
      + 1 6 6 6

   h   2 8 5 6
      + 3 7 7 5

   i   5 9 9 9
      + 2 8 8 8

2. Find the total of ...

   a 34 568, 128 and 4 458 _____

   b £0·78, £2·67 and £32·09 _____

   c 45·2, 530·78, 132·0 and 1·52 _____

   d 3·6 kg, 267 g, 23·67 kg and 5 g _____

QUICK TIP!
Remember to line up the units under units, tens under tens etc.

Do you remember how to do subtraction with bigger numbers?
If there are not enough units to take from, change a ten into 10 units.
If there are not enough tens to take from, change a hundred into 10 tens.

Look ...

```
   3 6 7        3 ⁵6 ¹7        3 ⁵6 ¹7        ²3 ¹⁵6 ¹7        ²3 ¹⁵6 ¹7
 - 1 6 9      - 1 6 9        - 1 6 9        - 1 6 9          - 1 6 9
 _____      _____        _____        _____          _____
                    8              8            9 8            1 9 8
```

3. Complete these subtractions.

a   4 7 8
  − 1 7 3
  _____

b   2 6 0
  − 1 8 7
  _____

c   3 9 8
  − 1 6 7
  _____

d   5 6 8
  − 2 2 9
  _____

e   6 7 5
  − 2 8 8
  _____

f   3 2 9
  − 1 9 7
  _____

0 —— Tough —— OK —— Got it! —— 19   Total ▢ /19

Challenge yourself

Find the difference between ...

a   8 253 and 517   _____

b   £3·28 and £1·75   _____

c   751·6 and 283·2   _____

d   3·3 litres and 230 ml   _____

QUICK TIP!
Again, remember to line up the units under units and tens under tens etc.

| Lesson 4 | # Multiplying and dividing by 10, 100 and 1000 |

When you **multiply** a number by **10**, the digits move **one place to the left**.
When you **divide** a number by **10**, the digits move **one place to the right**.

$$18 \times 1 = 18 \qquad\qquad 33 \div 1 = 33$$
$$18 \times 10 = 180 \qquad\qquad 33 \div 10 = 3 \cdot 3$$

When you **multiply** a number by **100**, the digits move **two places to the left**.
When you **divide** a number by **100**, the digits move **two places to the right**.

$$18 \times 1 = 18 \qquad\qquad 33 \div 1 = 33$$
$$18 \times 10 = 180 \qquad\qquad 33 \div 10 = 3 \cdot 3$$
$$18 \times 100 = 1800 \qquad\qquad 33 \div 100 = 0 \cdot 33$$

1. Complete these number sentences.

    a $38 \times 10 =$ _380_   b $168 \times 10 =$ _____

    c $560 \div 10 =$ _____   d $129 \times 100 =$ _____

    e $98 \times 100 =$ _____   f $11\,000 \div 100 =$ _____

    g $59 \times 10 =$ _____   h $1\,700 \times 10 =$ _____

    i $2\,400 \div 10 =$ _____   j $53\,800 \div 100 =$ _____

2. Complete these number sentences.
    Watch out, these include decimal numbers.

    a $26 \div 10 =$ _____   b $5 \cdot 23 \times 100 =$ _____

    c $59 \div 100 =$ _____   d $1 \cdot 1 \times 10 =$ _____

    e $0 \cdot 238 \times 100 =$ _____   f $41 \div 100 =$ _____

    g $1 \cdot 55 \times 10 =$ _____   h $1 \cdot 76 \div 10 =$ _____

    i $28 \div 10 =$ _____   j $500 \div 100 =$ _____

When you **multiply** a number by **1000**, the digits move **three places to the left**.
When you **divide** a number by **1000**, the digits move **three places to the right**.

$18 \times 1 = 18$

$18 \times 10 = 180$

$18 \times 100 = 1800$

$18 \times 1000 = 18000$

$33 \div 1 = 33$

$33 \div 10 = 3.3$

$33 \div 100 = 0.33$

$33 \div 1000 = 0.033$

3. **Multiply and divide these numbers by 1000.**

a $54 \times 1000 =$ _____

b $516 \times 1000 =$ _____

c $240 \div 1000 =$ _____

d $9.2 \times 1000 =$ _____

e $78.1 \times 1000 =$ _____

f $23000 \div 1000 =$ _____

g $123 \times 1000 =$ _____

h $760 \times 1000 =$ _____

i $200 \div 1000 =$ _____

j $65200 \div 1000 =$ _____

k $44 \times 1000 =$ _____

l $1.1 \times 1000 =$ _____

m $7 \div 1000 =$ _____

n $999 \times 1000 =$ _____

o $85 \times 1000 =$ _____

p $11000 \div 1000 =$ _____

q $0.002 \times 1000 =$ _____

r $17 \div 1000 =$ _____

0   Tough   OK   Got it!   37

Total /37

Challenge yourself

Answer these questions.

a Jason bought 21 bags of balloons for a big party.
   There were 10 balloons in each bag.
   How many balloons did he buy altogether? _____

b 2400 paper clips fell on the floor when a piece of machinery broke in the paper clip factory. A box holds 100 paper clips. How many boxes of paper clips were lost? _____

c A book has 8700 words on 100 pages.
   If each page has the same number of words, how many words are on each page? _____

Lesson 5

Times tables

> If you cannot answer one of the times table questions straight away, carry on and come back to it when you have answered the other questions.

1. How quickly can you answer these multiplication questions?
   Time yourself. Can you do them all in 90 seconds?

   7 × 6 = _____   16 ÷ 4 = _____   4 × 8 = _____

   10 × 8 = _____   5 × 5 = _____   25 ÷ 5 = _____

   32 ÷ 4 = _____   81 ÷ 9 = _____   11 × 12 = _____

   4 × 4 = _____   6 × 3 = _____   3 × 9 = _____

   45 ÷ 9 = _____   10 ÷ 5 = _____   6 × 5 = _____

   2 × 8 = _____   2 × 4 = _____   9 × 9 = _____

   3 × 7 = _____   12 × 3 = _____   84 ÷ 7 = _____

   24 ÷ 6 = _____   63 ÷ 7 = _____   21 ÷ 3 = _____

   90 ÷ 10 = _____   11 × 3 = _____   11 × 5 = _____

   9 × 6 = _____   7 × 7 = _____   5 × 3 = _____

   72 ÷ 9 = _____   144 ÷ 12 = _____   8 × 6 = _____

   3 × 4 = _____   7 × 1 = _____   28 ÷ 4 = _____

   6 ÷ 3 = _____   24 ÷ 3 = _____   60 ÷ 12 = _____

   7 × 4 = _____   88 ÷ 11 = _____   8 × 3 = _____

   8 × 8 = _____   9 × 12 = _____   10 × 10 = _____

   How long did it take you? _____

2. Answer these questions.

a What are six sevens? _____

b How many boxes (of 6 eggs) do 36 eggs fill? _____

c What is 7 multiplied by 9? _____

d 144 children went on a school trip.
There were 12 children in each group.
How many groups were there? _____

e 6 children ate 4 biscuits each.
How many biscuits did they eat in total? _____

f What is seven times eight? _____

g Divide 45 by 9. _____

h 108 conkers were collected by 9 children.
If each child collected the same amount,
how many conkers did they each collect? _____

i Share 63 equally between 9. _____

j Multiply three by eight. _____

| 0 | Tough | OK | Got it! | 55 |

Total ⬚/55

Challenge yourself

Fill in the boxes.

a 8 × ⬚ = 24

b ⬚ × 5 = 30

c 6 × ⬚ = 24

d 6 × ⬚ = 42

e 8 × ⬚ = 88

f 10 × ⬚ = 100

g 21 ÷ ⬚ = 7

h ⬚ × 7 = 49

i 36 ÷ ⬚ = 6

j 18 ÷ ⬚ = 3

k 56 ÷ ⬚ = 7

l ⬚ × 6 = 54

Lesson 6

Time

This timeline uses a 24-hour clock.

1:00 2:00 3:00 4:00 5:00 6:00 7:00 8:00 9:00 10:00 11:00 12:00 13:00 14:00 15:00 16:00 17:00 18:00 19:00 20:00 21:00 22:00 23:00 24:00

1. **Look at this bus timetable.**

Bus stop	Pick-up time		
High Street	12:10	13:10	14:10
Church	12:20	13:20	14:20
Post Office	12:30	13:30	14:30
Sports centre	12:40	13:40	14:40

Answer these questions carefully.

a How many minutes are there between each stop? _____ minutes

b How many minutes does it take the bus to reach the post office after stopping at the High Street? _____ minutes

c If you missed the bus at 12:30 outside the post office, what time would the next bus be along? _____

d If you arrived at the church at 2:18, would you be just in time for a bus or too late? _____

e If you arrived at the sports centre at 12:40, how long would you be there if you caught the 2:40 bus home? _____

f If you had finished shopping in the High Street at 1:13, what time would the next bus be? _____

2. Fill in the gaps.

a 1 decade = _____ years

b 1 year = _____ months or _____ weeks or _____ days

c 1 week 3 days = _____ days

d 1 day = _____ hours

e 2 hours 20 minutes = _____ minutes

f 5 minutes 30 seconds = _____ seconds

3. Suggest the unit of time (for example minutes, days, years, etc.) that would be used for the following:

a to boil a kettle _____

b to walk across a road _____

c to grow from a baby into a 10-year-old _____

d to have a birthday party _____

e to fly to France _____

| 0 | Tough | OK | Got it! 17 |

Total ⬚/17

Challenge yourself

Solve these problems.

a Titus got up at 08:10.
He left for school 40 minutes later.
His journey took 20 minutes.
School starts at 09:00.

Was Titus late? _____

If so, by how many minutes? _____

b The Chichester Colts football team kicked off at 14:30. They played 45 minutes each way and had a 15 minute break at half-time. At what time did the game finish? _____

(P.S. The Chichester Colts won 2–1!)

Lesson 7

Length

> 1 kilometre (km) = 1000 metres
> 1 metre (m) = 100 centimetres
> 1 centimetre (cm) = 10 millimetres (mm)
>
> ⊢——⊣ 1 cm   ⊔⊔⊔⊔⊔⊔ 10 mm

1. **Underline the nearest correct measurement in each sentence. Do you think ...**

   a your table is   <u>1 m</u>,   2 m   or   30 m long?

   b this page is   5 cm,   15 cm   or   21 cm wide?

   c the ceiling is   3 m,   6 m   or   9 m high?

   d your pencil or pen is   1 mm,   7 mm   or   15 mm wide?

   e a house is   2 m,   4 m   or   15 m high?

2. **Which unit of measure would you use to measure ...**

   a your height?   _____

   b the length of a ship?   _____

   c the distance from Chichester to London?   _____

   d the width of a frisbee?   _____

   e the width of a paper clip?   _____

3. **Convert these measurements.**

   a 2 km = _____ m

   b 6·4 cm = _____ mm

   c $\frac{1}{2}$ km = _____ m

   d 3·2 m = _____ cm

   e 120 mm = _____ cm

4. **What is the distance between the two arrows?**

a) 9–20 cm number line, arrows at 12 and 18 — **6** cm

b) 21–32 cm number line, arrows at 23 and 26 — _____ cm

c) 18–29 cm number line, arrows at 19 and 23 — _____ cm

d) 51–62 cm number line, arrows at 54 and 59 — _____ cm

e) 20–90 cm number line, arrows at 30 and 75 — _____ cm

f) 20–90 cm number line, arrows at 35 and 75 — _____ cm

g) 20–90 cm number line, arrows at 25 and 70 — _____ cm

| 0 | Tough | OK | Got it! | 20 |

Total ⬜/20

Challenge yourself

Measure the length of these lines to the nearest mm. Write your answers in cm too.

a — **132** mm **13.2** cm

b — _____ mm _____ cm

c — _____ mm _____ cm

d — _____ mm _____ cm

Lesson 8

Perimeter

The **perimeter** is the distance around the outside edge of a shape.

13 cm

12 cm

13 cm + 12 cm + 13 cm + 12 cm = 50 cm

**The perimeter is 50 cm.
Opposite sides of a rectangle are the same length.**

1. Find the perimeter of each shape.

   a 13 cm, 17 cm

   17 cm + 13 cm + 17 cm + 13 cm = __60__ cm

   b 24 cm, 25 cm

   = __49__ cm

   c 15 cm, 110 cm

   = __260__ cm

2. Measure the perimeters of these letters.

   a __14__ cm   b _____ cm   c _____ cm   d _____ cm

3. **Use your knowledge of finding the perimeters of rectangles to solve the perimeters of these shapes.**

   a
   5 cm, 5 cm, 2 cm, 7 cm

   = _____ cm

   b
   12 cm, 5 cm, 10 cm, 18 cm

   = _____ cm

4. **What is the perimeter of …**

   Parklands playground

   a the playground?   _____ m

   b the climbing frame? _____ m

   c the netball court?   _____ m

   scale: 1 cm = 3 m

   21 m, 30 m

	Tough	OK	Got it! 10

0

Total __ /10

Challenge yourself

Solve these problems.

a The perimeter of a rectangle is 30 cm. The shortest side is 5 cm. What is the length of the longer sides? _____ cm

b The perimeter of a rectangle is 42 cm. The shortest side is 6 cm. What is the length of the longer sides? _____ cm

17

Lesson 9

Which operation? +, −, ×, ÷

When considering a problem, it is not always easy to know which operation to use. Always read the problem carefully and try to visualise what it is asking.

It is also useful to remember the different terms that can be used in connection with each operation.

+	add	sum	total	altogether
−	take away	subtract	difference between	how many are left
×	times	multiply	product	multiplied by
÷	share	group	divide	divided into

1. **Solve these problems.**

   a There are 6 eggs in each box.

   How many eggs in 142 boxes? _____

   How many boxes would 543 eggs fill? _____

   b I think of a number and then subtract 116.
   The answer is 142.

   What was my number? _____

   c Tuhil has 1 452 marbles.
   Tina has half as many.

   How many marbles does Tina have? _____

   d In the school library there are 136 books on the top shelf.
   There are 112 on the bottom shelf.
   Caroline takes 32 books for a class project.

   How many books are left? _____

e Mark started to read a book on Monday.
On Tuesday he read 10 more pages than on Monday.
He reached page 64.

How many pages did he read on Monday? _____

f I think of a number, subtract 12 and divide by 3.
The answer is 15.

What was the number? _____

2. Which operation sign goes in each box?

a 235 ☐ 69 = 304   **b** 520 ☐ 10 = 52   **c** 986 ☐ 235 = 751

d 56 ☐ 8 = 448   **e** 566 ☐ 245 = 321   **f** 38 ☐ 38 = 1 444

g 4 005 ☐ 45 = 89   **h** 254 ☐ 364 = 618   **i** 456 ☐ 3 = 1 368

j 786 ☐ 658 = 128   **k** 233 ☐ 13 = 3 029   **l** 132 ☐ 7 = 924

0	Tough	OK	Got it!	18	Total
					/18

Challenge yourself

Look at questions 1b and 1f in this lesson.
Write two similar problems and test them on your friends or family.
(You need to work backwards!)

a I think of a number and then _____

The answer is _____

What was my number? _____

b I think of a number and then _____

The answer is _____

What was my number? _____

How am I doing?

1. Write the missing numbers.

    a 598 721 = _____ + 90 000 + 8 000 + 700 + 20 + 1

    b 36 542 = _____ + 6 000 + 500 + 40 + 2

    c 78 336 = 70 000 + _____ + 300 + 30 + 6

    d 58 061 = 50 000 + 8 000 + _____ + 60 + 1

    e 21 654 = 20 000 + 1 000 + 600 + _____ + 4

    f 92 835 = 90 000 + 2 000 + 800 + 30 + _____

2. Put these numbers in order, lowest first.

    a | 3 | | -3 | | 2 | | -2 | | 1 |

    ____ ____ ____ ____ ____

    b | 7 | | -17 | | -7 | | 0 | | 17 |

    ____ ____ ____ ____ ____

3. Complete these calculations.

    a   4 5 7 8   **b**   2 2 8 9   **c**   5 8 2   **d**   6 6 4
        + 3 9 6 5   + 3 4 8 8   − 1 4 9   − 5 3 9

4. Find the answers.

    a 41 × 10 = _____   **b** 460 ÷ 10 = _____   **c** 28 × 100 = _____

    d 3 700 ÷ 100 = _____   **e** 62 × 10 = _____   **f** 170 ÷ 10 = _____

    g 57 × 100 = _____   **h** 2 800 ÷ 100 = _____   **i** 39 × 10 = _____

    j 230 ÷ 10 = _____   **k** 49 × 1 000 = _____   **l** 21 000 ÷ 1 000 = _____

5. **Fill in the gaps.**

   a 6 × _____ = 18

   b 2 × _____ = 6

   c 9 × _____ = 54

   d 7 × _____ = 42

   e _____ × 5 = 50

   f 3 × _____ = 15

   g 8 × _____ = 32

   h _____ × 4 = 28

   i 3 × _____ = 27

6. **Complete.**

   a 2 hours = _____ minutes

   b 240 seconds = _____ minutes

   c 30 minutes = _____ seconds

7. **What is the distance between the two arrows?**

   a 28 29 30 31 32 33 34 35 36 37 38 cm   _____ cm

   b 54 55 56 57 58 59 60 61 62 63 64 cm   _____ cm

8. **Work out the perimeter of each shape.**

   a _____ cm

   b _____ cm

9. **Which sign? +, −, ×, ÷**

   a 126 ☐ 361 = 487

   b 272 ☐ 17 = 16

   c 689 ☐ 98 = 591

   d 34 ☐ 126 = 4 284

   Total ☐ / 44

Number bonds

Lesson 10

$72 + ? = 100$

Adding numbers to 100 is easier than it looks.
First, in your head, the units need to add up to 10.

```
   72
+   8
-----
    0
-----
    1
```

QUICK TIP!
Don't forget to add the ten you carried from the units.

Next, the tens need to add up to 10.

```
   72
+  28
-----
  100
-----
    1
```

$72 + 28 = 100$

1. **Complete these number sentences.**

   a $36 + \underline{64} = 100$ ✓
   b $\underline{49} + 51 = 100$ ✗
   c $79 + \underline{21} = 100$ ✗
   d $\underline{3} + 97 = 100$ ✓
   e $63 + \underline{37} = 100$ ✓
   f $\underline{74} + 26 = 100$ ✓
   g $25 + \underline{75} = 100$ ✓
   h $\underline{14} + 86 = 100$ ✓
   i $81 + \underline{19} = 100$ ✗
   j $\underline{61} + 49 = 100$ ✗
   k $\underline{54} + 56 = 100$ ✗
   l $71 + \underline{29} = 100$
   m $\underline{49} + 37 = 100$
   n $32 + \underline{} = 100$
   o $\underline{69} + 11 = 100$
   p $68 + \underline{} = 100$
   q $\underline{24} + 76 = 100$
   r $57 + \underline{} = 100$

2. How quickly can you do these?

a 10 + 10 = 20

b 12 + 12 = 24

c 15 + 15 = 30

d 7 + 7 = 13

e 21 + 21 = 42

f 17 + 17 = 34

g 11 + 11 = 22

h 14 + 14 = 28

i 230 + 230 = 460

j 310 + 310 = 620

k 260 + 260 = 520

l 190 + 190 = 380

m 250 + 250 = 500

n 380 + 380 = 760

o 470 + 470 = 940

p 290 + 290 = 580

3. Fill in the gaps. In each case, the two numbers need to be the same.

a 26 = 13 + 13

b 40 = 20 + 20

c 54 = 27 + 27

d 100 = 50 + 50

e 780 = 390 + 390

f 640 = 320 + 320

0			40
Tough	OK	Got it!	

Total / 40

Challenge yourself

Number bonds to 1000.

a 350 + 650 = 1000

b 490 + 610 = 1000

c 270 + 730 = 1000

d 135 + 965 = 1000

e 689 + 311 = 1000

f 551 + 449 = 1000

g 278 + 252 = 1000

h 984 + 16 = 1000

i 436 + 564 = 1000

Lesson 11

Rounding numbers

20000 21000 22000 23000 24000 25000 26000 27000 28000 29000 **30000**
|———+———+———+———+———+———+———+———+———↑———+———|
                                                                      28700

28700 rounded to the nearest **thousand** is **29000**.
28700 rounded to the nearest ten thousand is **30000**.

Rounding numbers can help you check your answers are close to the answer you are expecting.

1. **Fill in the gaps in the following sentences.**

   a **23400** rounded to the nearest thousand is _____.

   23400 rounded to the nearest ten thousand is _____.

   b **29899** rounded to the nearest hundred is _____.

   29899 rounded to the nearest ten thousand is _____.

   c **67544** rounded to the nearest thousand is _____.

   67544 rounded to the nearest ten thousand is _____.

   d **8799** rounded to the nearest thousand is _____.

   8799 rounded to the nearest ten thousand is _____.

   e **78200** rounded to the nearest thousand is _____.

   78200 rounded to the nearest ten thousand is _____.

   f **365400** rounded to the nearest ten thousand is _____.

   365400 rounded to the nearest hundred thousand is _____.

   g **999999** rounded to the nearest ten thousand is _____.

   999999 rounded to the nearest hundred thousand is _____.

2. Put a circle around the best approximation for the following.
   Write the approximate answer for the number sentence.

   a 34 670 + 45 899 = ?   Approximate answer _____

   34 000 + 46 000   35 000 + 45 000   35 000 + 46 000

   b 123 997 + 3 124 = ?   Approximate answer _____

   124 000 + 3 000   123 000 + 4 000   123 000 + 3 000

   c 98 698 − 32 999 = ?   Approximate answer _____

   97 000 − 30 000   98 000 − 33 000   99 000 − 33 000

   d 134 134 − 97 654 = ?   Approximate answer _____

   134 000 − 97 000   135 000 − 98 000   134 000 − 98 000

   e 999 999 + 555 555 = ?   Approximate answer _____

   900 000 + 500 000   900 000 + 600 000   1 000 000 + 600 000

| 0 | Tough | OK | Got it! | 12 |

Total /12

Challenge yourself

The following table shows the capacity of some stadiums.
Complete the table.

Stadium	Capacity	Nearest ten thousand	Nearest thousand	Nearest hundred	Nearest ten
Wembley	90 000				
White Hart Lane	36 230				
Millennium	72 500				
Old Trafford	75 811				
Emirates	60 361				
Anfield	45 522				
Stanford Bridge	41 837				
Murrayfield	67 800				

Lesson 12

Multiplication

Look at these number sentences.

$3 \times 4 = 12$ $7 \times 6 = 42$
$3 \times 40 = 120$ $70 \times 6 = 420$

QUICK TIP!
Knowing this can help with long multiplication!

If a number in a number sentence is in the ten times table, the answer is also in the ten times table.

1. Complete these number sentences.

   a $5 \times 5 =$ _____

   $50 \times 5 =$ _____

   b $8 \times 4 =$ _____

   $8 \times 40 =$ _____

   c $9 \times 7 =$ _____

   $90 \times 7 =$ _____

   d $6 \times 3 =$ _____

   $6 \times 30 =$ _____

   e $4 \times 2 =$ _____

   $40 \times 2 =$ _____

   f $7 \times 6 =$ _____

   $7 \times 60 =$ _____

When you multiply a big number by a single digit you can lay it out like this:

```
   356         356         356         356
 ×   6       ×   6       ×   6       ×   6
 ─────       ─────       ─────       ─────
     6          36         136        2136
     3          33         233         233
```

2. Complete these multiplications.

   a   34
      × 3
      ─────

   b   45
      × 4
      ─────

   c   63
      × 5
      ─────

   d   623
      × 5
      ─────

   e   445
      × 8
      ─────

   f   923
      × 7
      ─────

g 725
× 3
_____

h 663
× 6
_____

i 523
× 9
_____

> This shows you how to multiply a big number by a two-digit number using long multiplication:
>
> ```
>         26              ¹³
>        × 6             326
>       ----            × 15
>        120            ----
>         36            3260   (326 × 10)
>       ----            1630   (326 × 5)
>        156            ----
>                       4890   (326 × 15)
> ```

3. a 232
   × 16
   _____

   b 345
   × 18
   _____

   c 331
   × 21
   _____

   d 451
   × 32
   _____

   e 226
   × 23
   _____

   f 524
   × 19
   _____

0 — Tough — OK — Got it! — 21

Total ☐ / 21

Challenge yourself

Solve these problems.

a Nanny Dawn had 16 grandchildren. She decided to give each of them £2·50.
   How much money did Nanny Dawn give her grandchildren altogether? _____

b The Jolly family drove around Europe for three weeks. During the first two weeks they drove 1 232 miles each week. During the third week they drove 688 miles.
   How many miles did they drive altogether? _____

Lesson 13

Division

Remember, we can write a division calculation in different ways.

$195 \div 5 = 39$ $5\overline{)195}$ with 39 above

We divide larger numbers like this:

First we ask how many 5s in 1 = 0

(We then carry the 1 to the next column.)

Then we ask how many 5s in 19
= 3 r 4

(We carry the 4 to the next column.)

Now we ask how many 5s in 45
= 9

QUICK TIP!
Line up the answer tens and units (above the line) with the tens and units (beneath the line).

1. **Divide the following.**

   a $4\overline{)72}$

   b $6\overline{)90}$

   c $3\overline{)57}$

   d $7\overline{)161}$

   e $4\overline{)124}$

   f $5\overline{)355}$

2. **Find the answers to these number sentences.**
   Use the space provided to work out your answers.

   a $196 \div 2 = $ _____

   b $252 \div 7 = $ _____

   c $416 \div 8 = $ _____

   d $1800 \div 6 = $ _____

   e $2560 \div 5 = $ _____

   f $1107 \div 9 = $ _____

3. **Divide the following.**
   Watch out, some of these division number sentences will have remainders!

   a 77 ÷ 3 = _____ r _____

   b 127 ÷ 6 = _____ r _____

   c 130 ÷ 4 = _____ r _____

   d 73 ÷ 2 = _____ r _____

   e 2 525 ÷ 3 = _____ r _____

   f 4 429 ÷ 7 = _____ r _____

   For your workings

| 0 | Tough | OK | Got it! | 18 |

Total /18

Challenge yourself

Solve these problems.

a Moira Jackman bought a packet of sweets to share equally between her four children.

There are 166 sweets in the packet. How many sweets will each of her children get? _____

Are there any sweets left over? If so, how many? _____

b Farmer Tom has 144 sheep. He divides them equally between six fields.

How many sheep does he have in each field? _____

The following week he buys another 12 sheep. If he also divides these sheep equally between the fields, how many sheep will he now have in each field? _____

Lesson 14

Calculations

There is always a way of checking a +, −, × or ÷ calculation.
Look at these number sentences.

$$38 + 71 = 109 \longrightarrow 109 - 71 = 38$$
$$268 - 126 = 142 \longrightarrow 126 + 142 = 268$$

1. Complete the second number sentence, by using the information in the first.

a $42 + 56 = 98$ $98 - \underline{56} = 42$

b $71 + 28 = 99$ $99 - 71 = \underline{}$

c $136 + 78 = 214$ $214 - 136 = \underline{}$

d $93 - 21 = 72$ $72 + 21 = \underline{}$

e $114 - 24 = 90$ $24 + \underline{} = 114$

f $236 + 84 = 320$ $320 - \underline{} = 236$

g $79 + 156 = 235$ $235 - \underline{} = 79$

h $387 - 189 = 198$ $198 + 189 = \underline{}$

Look at these number sentences.

$$27 \times 3 = 81 \longrightarrow 81 \div 3 = 27$$
$$216 \div 36 = 6 \longrightarrow 36 \times 6 = 216$$

2. Complete the second number sentence, by using the information in the first.

a $56 \times 3 = 168$ $168 \div 3 = \underline{56}$

b $186 \div 6 = 31$ $31 \times 6 = \underline{}$

c $702 \div 78 = 9$ $\underline{} \times 9 = 702$

30

d 29 × 7 = 203   203 ÷ 29 = _____

e 96 × 12 = 1 152   1 152 ÷ 12 = _____

f 448 ÷ 56 = 8   56 × _____ = 448

g 432 ÷ 12 = 36   36 × 12 = _____

h 78 × 15 = 1 170   1 170 ÷ 15 = _____

3. Is the second number sentence in each pair right? Put a ✓ for right or ✗ for wrong.

   a 2 187 + 1 968 = 4 155   4 155 − 1 968 = 2 187   ☐

   b 28 × 32 = 896   896 ÷ 29 = 32   ☐

   c 568 − 89 = 479   89 + 478 = 568   ☐

   d 5 320 ÷ 266 = 20   266 × 20 = 5 320   ☐

   e 1 876 + 549 = 2 425   2 425 − 549 = 1 877   ☐

   f 459 × 21 = 9 639   9 639 ÷ 21 = 458   ☐

0			20
Tough	OK	Got it!	

Total: /20

Challenge yourself

Complete the calculation pairs.

a 6 888 ÷ 123 = _____   12 × 56 = _____

b _____ + 589 = 1 178   1 178 − _____ = 589

c 78 × _____ = 38 142   _____ ÷ 489 = 78

d 4 444 − 363 = _____   _____ + 4 081 = 4 444

Lesson 15

Angles

This is a right angle.

We measure angles in degrees (°)

right angle

QUICK TIP!
Two right angles = 180°

A right angle = 90°

If an angle is less than 90° it is called an **acute angle**.
If an angle is more than 90° it is called an **obtuse angle**.
If an angle is more than 180° it is called a **reflex angle**.

acute angle   obtuse angle   reflex angle

1. Label the angles acute, obtuse, reflex or right angles.

   a   _____   b   _____   c   _____

   d   _____   e   _____   f   _____

2. Mark the acute, obtuse, reflex and right angles, each in a different colour.

   a   b   c

Bond

No Nonsense
Maths
9–10 years

Parents' notes

What your child will learn from this book

Bond No Nonsense will help your child to understand and become more confident in their maths work. This book features all the main maths objectives covered by your child's class teacher during the school year. It provides clear, straightforward teaching and learning of the essentials in a rigorous, step-by-step way.

How you can help

Following a few simple guidelines will ensure that your child gets the best from this book:

- Explain that the book will help your child become confident in their maths work.
- If your child has difficulty reading the text on the page or understanding a question, do provide help.
- Provide scrap paper to give your child extra space for rough working.
- Encourage your child to complete all the exercises in a lesson. You can mark the work using this answer section. Your child can record their own impressions of the work using the 'How did I do?' feature.

0			19
Tough	OK	Got it!	

- The 'How am I doing?' sections provide a further review of progress.

A1

Bond No Nonsense 9–10 years Answers

1. Recognising and ordering big numbers pp2–3
1 **b** 59807 **c** 35269 **d** 708003 **e** 1110011
2 **a** 20000 **b** 6000 **c** 600 **d** 70 **e** 1
3 **a** seven thousand, six hundred and twenty-three
 b two hundred and twenty-three thousand, four hundred
 c seventy-eight thousand, two hundred and thirty-one
4 **a** 223693 93362 26393 6932 2369 **b** 223693 93362
 c twenty-three thousand, six hundred and ninety-three
5 **a** > **b** > **c** > **d** < **e** < **f** >
6 **b** 1000 **c** 100 **d** 10

Challenge yourself
a 986532
b nine hundred and eighty-six thousand, five hundred and thirty-two
c 235689 **d** 245689

2. Negative numbers pp4–5
1 **b** 9 **c** 13 **d** 9 **e** 9 **f** 17
2 **a** −3°C **b** −4°C **c** 0°C
3 **a** −4 −1 0 1 4 **b** −3 −2 5 6 10 **c** −22 −12 −2 2 12

Challenge yourself
b 0 2 **c** −11 −9 **d** −2 0 **e** −25 −23

3. Addition and subtraction pp6–7
1 **a** 5462 **b** 9252 **c** 6123 **d** 9237 **e** 3544
 f 5015 **g** 8483 **h** 6631 **i** 8887
2 **a** 39154 **b** £35·54 **c** 709·4 **d** 27·542 kg
3 **a** 305 **b** 73 **c** 231 **d** 339 **e** 387 **f** 132

Challenge yourself
a 7736 **b** £1·53 **c** 468·4 **d** 3·07 litres

4. Multiplying and dividing by 10, 100 and 1000 pp8–9
1 **a** 380 **b** 1680 **c** 56 **d** 12900 **e** 9800
 f 110 **g** 590 **h** 17000 **i** 240 **j** 538
2 **a** 2·6 **b** 523 **c** 0·59 **d** 11 **e** 23·8
 f 0·41 **g** 15·5 **h** 0·176 **i** 2·8 **j** 5
3 **a** 54000 **b** 516000 **c** 0·24 **d** 9200 **e** 78100
 f 23 **g** 123000 **h** 760000 **i** 0·2 **j** 65·2
 k 44000 **l** 1100 **m** 0·007 **n** 999000 **o** 85000
 p 11 **q** 2 **r** 0·017

Challenge yourself
a 210 balloons **b** 24 boxes **c** 87 words

5. Times tables pp10–11
1

42	4	32
80	25	5
8	9	132
16	18	27
5	2	30
16	8	81
21	36	12
4	9	7
9	33	55
54	49	15
8	12	48
12	7	7
2	8	5
28	8	24
64	108	100

2 **a** 42 **b** 6 **c** 63 **d** 12 **e** 24 **f** 56
 g 5 **h** 12 **i** 7 **j** 24

Challenge yourself
a 3 **b** 6 **c** 4 **d** 7 **e** 11 **f** 10 **g** 3 **h** 7 **i** 6
j 6 **k** 8 **l** 9

6. Time pp12–13
1 **a** 10 **b** 20 **c** 13:30 **d** in time
 e 2 hours **f** 14:10
2 **a** 10 years **b** 12 months or 52 weeks or 365 days
 c 10 days **d** 24 hours **e** 140 minutes **f** 330 seconds
3 **a** minutes **b** seconds **c** years **d** hours
 e hours

Challenge yourself
a Yes, 10 minutes **b** 16:15

7. Length pp14–15
1 **b** 21 cm **c** 3 m **d** 7 mm **e** 15 m
2 **a** cm or m **b** m **c** km **d** cm **e** mm
3 **a** 2000 m **b** 64 mm **c** 500 m **d** 320 cm **e** 12 cm
4 **b** 3 cm **c** 4·5 cm **d** 5·5 cm **e** 45 cm **f** 42 cm
 g 49 cm

Challenge yourself
b 95 mm 9·5 cm **c** 135 mm 13·5 cm **d** 160 mm 16 cm

8. Perimeter pp16–17
1 **b** 98 cm **c** 250 cm
2 **b** 14 cm **c** 16 cm **d** 18 cm
3 **a** 28 **b** 70
4 **a** 102 m **b** 54 m **c** 66 m

Challenge yourself
a 10 cm **b** 15 cm

9. Which operation? +, −, ×, ÷ pp18–19
1 **a** 852, 90½ boxes **b** 258 **c** 726 **d** 216 **e** 27 **f** 57
2 **a** + **b** ÷ **c** − **d** × **e** − **f** ×
 g ÷ **h** + **i** × **j** − **k** × **l** ×

Challenge yourself
Answers will vary

How am I doing? pp20–21
1 **a** 500000 **b** 30000 **c** 8000 **d** 0 **e** 50 **f** 5
2 **a** −3 −2 1 2 3 **b** −17 −7 0 7 17
3 **a** 8543 **b** 5777 **c** 433 **d** 125
4 **a** 410 **b** 46 **c** 2800 **d** 37 **e** 620 **f** 17
 g 5700 **h** 28 **i** 390 **j** 23 **k** 49000 **l** 21
5 **a** 3 **b** 3 **c** 6 **d** 6 **e** 10 **f** 5
 g 4 **h** 7 **i** 9
6 **a** 120 minutes **b** 4 minutes **c** 1800 seconds
7 **a** 7 cm **b** 9 cm
8 **a** 18 cm **b** 24 cm
9 **a** + **b** ÷ **c** − **d** ×

10. Number bonds pp22–23
1 **a** 64 **b** 49 **c** 21 **d** 3 **e** 37 **f** 74
 g 75 **h** 14 **i** 19 **j** 51 **k** 44 **l** 29
 m 63 **n** 68 **o** 89 **p** 32 **q** 24 **r** 43
2 **a** 20 **b** 24 **c** 30 **d** 14 **e** 42 **f** 34
 g 22 **h** 28 **i** 460 **j** 620 **k** 520 **l** 380
 m 500 **n** 760 **o** 940 **p** 580
3 **a** 13 + 13 **b** 20 + 20 **c** 27 + 27 **d** 50 + 50
 e 390 + 390 **f** 320 + 320

Challenge yourself
a 650 **b** 510 **c** 730 **d** 865 **e** 311 **f** 449
g 722 **h** 16 **i** 564

⑪ Rounding numbers pp24–25

1 a 23 000, 20 000   **b** 29 900, 30 000   **c** 68 000, 70 000
  d 9 000, 10 000   **e** 78 000, 80 000   **f** 370 000, 400 000
  g 1 000 000, 1 000 000
2 a 35 000 + 46 000   Approximate answer 81 000
  b 124 000 + 3 000   Approximate answer 127 000
  c 99 000 − 33 000   Approximate answer 66 000
  d 134 000 − 98 000   Approximate answer 36 000
  e 1 000 000 + 600 000   Approximate answer 1 600 000

Challenge yourself

Stadium	Capacity	Nearest ten thousand	Nearest thousand	Nearest hundred	Nearest ten
Wembley	90 000	90 000	90 000	90 000	90 000
White Hart Lane	36 230	40 000	36 000	36 200	36 230
Millennium	72 500	70 000	73 000	72 500	72 500
Old Trafford	75 811	80 000	76 000	75 800	75 810
Emirates	60 361	60 000	60 000	60 400	60 360
Anfield	45 522	50 000	46 000	45 500	45 520
Stanford Bridge	41 837	40 000	42 000	41 800	41 840
Murrayfield	67 800	70 000	68 000	67 800	67 800

⑫ Multiplication pp26–27

1 a 25, 250   **b** 32, 320   **c** 63, 630   **d** 18, 180   **e** 8, 80
  f 42, 420
2 a 102   **b** 180   **c** 315   **d** 3115   **e** 3560
  f 6461   **g** 2175   **h** 3978   **i** 4707
3 a 3712   **b** 6210   **c** 6951   **d** 14 432   **e** 5198
  f 9956

Challenge yourself
a £40·00   **b** 3152 miles

⑬ Division pp28–29

1 a 18   **b** 15   **c** 19   **d** 23   **e** 31   **f** 71
2 a 98   **b** 36   **c** 52   **d** 300   **e** 512   **f** 123
3 a 25 r2   **b** 21 r1   **c** 32 r2   **d** 36 r1   **e** 841 r2   **f** 632 r5

Challenge yourself
a 41, Yes, 2   **b** 24, 26

⑭ Calculations pp30–31

1 b 28   **c** 78   **d** 93   **e** 90   **f** 84   **g** 156   **h** 387
2 b 186   **c** 78   **d** 7   **e** 96   **f** 8   **g** 432   **h** 78
3 a ✓   **b** ✗   **c** ✗   **d** ✓   **e** ✗   **f** ✗

Challenge yourself
a 56, 6888   **b** 589, 589   **c** 489, 38 142   **d** 4081, 363

⑮ Angles pp32–33

1 a obtuse   **b** acute   **c** acute   **d** right angle
  e obtuse   **f** reflex
2 b (hexagon diagram)   **c** (diagram)   □ = obtuse, ▨ = acute, ■ = reflex
3 b 60°   **c** 86°   **d** 47°   **e** 111°

Challenge yourself
a 304°   **b** 225°   **c** 349°   **d** 105°   **e** 162°

⑯ Fractions pp34–35

1 a 5   **b** 2   **c** 8   **d** 6   **e** 5
  f 7   **g** 21   **h** 9   **i** 5   **j** 9
2 b $\frac{1}{10}$ $\frac{1}{5}$ $\frac{1}{3}$ **c** $\frac{1}{6}$ $\frac{1}{4}$ $\frac{1}{3}$ **d** $\frac{2}{9}$ $\frac{1}{2}$ $\frac{2}{3}$ **e** $\frac{1}{5}$ $\frac{3}{10}$ $\frac{2}{3}$
  f $\frac{1}{6}$ $\frac{1}{3}$ $\frac{2}{4}$ **g** $\frac{1}{6}$ $\frac{2}{10}$ $\frac{5}{9}$ **h** $\frac{1}{5}$ $\frac{1}{4}$ $\frac{3}{10}$
3 a $\frac{2}{5}$, e.g. $\frac{4}{10}$ **b** $\frac{1}{6}$ e.g. $\frac{2}{12}$ **c** $\frac{3}{4}$ e.g. $\frac{6}{8}$ **d** $\frac{3}{6}$ e.g. $\frac{1}{2}$
  e $\frac{2}{8}$ e.g. $\frac{1}{4}$
4 a $\frac{2}{3}$ **b** $\frac{3}{4}$ or $\frac{6}{8}$ **c** $\frac{4}{10}$ **d** $\frac{1}{6}$ **e** $\frac{4}{12}$ or $\frac{1}{3}$
  f $\frac{5}{8}$ **g** 1   **h** $1\frac{1}{4}$ **i** 2   **j** $\frac{3}{6}$ or $\frac{1}{2}$

Challenge yourself
a $\frac{1}{5}$ **b** $\frac{2}{7}$ **c** $\frac{3}{4}$ **d** $\frac{8}{10}$ or $\frac{4}{5}$

⑰ Mass pp36–37

1 a 3 kg   **b** 5 g   **c** 1 g   **d** 3 kg   **e** 80 g
2 a grams   **b** grams   **c** kilograms   **d** grams
  e grams   **f** kilograms
3 a 3000 g   **b** $\frac{1}{2}$ kg   **c** 2500 g   **d** $1\frac{1}{4}$ kg
4 d 65 kg   **e** 700 g   **f** 350 g
5 b 80 kg   **c** 20 kg

Challenge yourself
189 g flour   75 g fat   120 g sugar   3 tbsp treacle
$1\frac{1}{2}$ tsp ground ginger

⑱ Area pp38–39

1 b 14 cm²   **c** 40 cm²   **d** 3 cm × 6 cm = 18 cm²
  e 17 m × 7 m = 119 m²   **f** 15 m × 4 m = 60 m²
2 a 30 cm²   **b** 36 m²   **c** 56 cm²   **d** 90 m²

Challenge yourself
a 39 cm²   **b** 266 cm²

⑲ Shape pp40–41

1 a isosceles   **b** scalene   **c** right-angled
2 Answers will vary. The equilateral triangle should be the only regular polygon.
3 square or rectangle
4 Answers will vary   Examples: **a** cereal box   **b** dice
  c baked bean tin   **d** ball
5 a cube   **b** cuboid   **c** cylinder   **d** triangular prism

Challenge yourself

How am I doing? pp42–43

1 a 43   **b** 72   **c** 83   **d** 1
2 a 43 400   **b** 90 000   **c** 500 000
3 a 892   **b** 4780   **c** 4472
4 a 13   **b** 16   **c** 15 r1   **d** 96   **e** 98   **f** 56 r2
5 a 117   **b** 27   **c** 456   **d** 1064
6 a 115°   **b** 70°
7 a 3   **b** 5   **c** 12   **d** 6   **e** 4   **f** 2
8 a 20 kg   **b** 700 g   **c** 30 kg
9 a 3 cm × 6 cm = 18 cm²   **b** 2 cm × 8 cm = 16 cm²
10 a Triangle should have two equal sides and two equal angles
  b Triangle should have no equal sides or angles

20 Number sequences pp44–45

1. **a** 7, 3, –1, –5 The numbers decrease 4 each time
   b 100, 109, 118, 127 The numbers increase 9 each time
   c 136, 151, 166, 181 The numbers increase 15 each time
   d 114, 107, 100, 93 The numbers decrease 7 each time
   e 44, 52, 60, 68 The numbers increase 8 each time

2. **a** | –7 | –1 | 5 | **11** | 17 | **23** | 29 | **35** | **41** | 47 | 53 |

   b | 303 | **293** | 283 | **273** | 263 | **253** | **243** | 233 | **223** | **213** | 203 |

   c | 57 | **66** | 75 | **84** | 93 | **102** | 111 | **120** | 129 | **138** | 147 |

3. Red numbers: 7, 14, 21, 28, 35, 42, 49, 56, 63, 70, 77
   All numbers part of the 7 times table, multiples of 7, note pattern made.
   No, 100 would not be in the sequence.

Challenge yourself

a	4	8	12	16	20	24	28
b	8	16	24	32	40	48	56
c	12	24	36	48	60	72	84

8s are double 4s and 12s are 8s + 4s.

21 Problems with money pp46–47

1. **a** £53·44 **b** £36·50, £12·70, £18·90
   c £11·55 **d** £60506
   e Answers will vary
   f 10p, 20p, 26p, 30p, 36p, 46p, 52p, 62p, 72p, 78p, 82p, 88p, 98p, 108p

Challenge yourself
$7·20, €4·50

22 Percentages pp48–49

1. **b** 10% **c** 50% **d** 100% **e** 1% **f** 10% **g** 50%
   h 25% **i** 100% **j** 1%
2. **b** 50% **c** 6% **d** 50% **e** 70% **f** 89% **g** 46%
   h 100% **i** 23%
3. **b** 25% **c** 10%
4. Example **a** **b** **c**

Challenge yourself
b £10 **c** 70 cm **d** 20 books **e** 1p **f** £30 **g** £15
h 5 cm **i** 60 m

23 Multiples and factors pp50–51

1. **b** 15, 20, 50 **c** 16, 22, 10, 6 **d** 30, 90, 80
   e 18, 36, 54, 12 **f** 49, 77, 56 **g** 16, 36, 24
   h 24, 40, 56

2.
Number	Factors	Factor pairs
8	1, 2, 4, 8	1 and 8, 2 and 4
9	1, 3, 9	1 and 9, 3 and 3
10	1, 2, 5, 10	1 and 10, 2 and 5
22	1, 2, 11, 22	1 and 22, 2 and 11
36	1, 2, 3, 4, 6, 9, 12, 18, 36	1 and 36, 2 and 18, 3 and 12, 4 and 9, 6 and 6

Challenge yourself

Factors of 40: 40, 8
Common: 1, 2, 4, 5, 10, 20
Factors of 60: 12, 30, 6, 15, 3

24 Square numbers pp52–53

1. **b** 4 **c** 5^2, 25 **d** 8^2, 64 **e** 10×10, 100 **f** 4×4, 16
2. 9 16 25 36 49 64 81 100

Challenge yourself
a 1 **b** 8 **c** 27 **d** 64 **e** 125 **f** 216

25 Decimals pp54–55

1. **b** 12 **c** 14 **d** 18 **e** 21
2. **c** $19\frac{7}{10}$ **d** $36\frac{54}{100}$ **e** $67\frac{29}{100}$ **f** $59\frac{4}{10}$
3. **a** $2\frac{3}{4}$ **b** $4\frac{1}{2}$ **c** $6\frac{1}{4}$ **d** $3\frac{3}{4}$

Challenge yourself
2.1 $2\frac{1}{4}$ 2.3 $2\frac{1}{2}$ 2.6 2.8

26 Solving problems pp56–57

1. Yes
2. **a** 12 **b** 24
3. 11, 13, 17, 19, 23, 29
   Each prime number is an odd number (apart from the prime number 2).
   When two prime numbers are added together the result is an even number (except when the prime number 2 is used).
4. **a** CL **b** CLX **c** LXXVI **d** D **e** XII **f** LXXX

Challenge yourself
$56 \times 48 = 2688$ or 64×42

27 Capacity pp58–59

1. **a** 1 ml **b** 1 litre **c** 350 ml **d** 3 litres **e** 250 ml
2. **a** litres **b** ml **c** litres **d** litres
3. **a** 4 000 ml **b** 0.25 litres or $\frac{1}{4}$ litre **c** 500 ml **d** 3 litres
4. **a** 250 ml **b** 450 ml **c** 100 ml **d** 325 ml
   e 475 ml **f** 125 ml

Challenge yourself
a 12 **b** 20 litres

28 Line graphs pp60–61

1. **a** 6 am **b** 12 noon **c** 6 °C **d** 1 °C **e** 7 °C
2. [Line graph showing temperature °C vs Time from 6 am to 6 pm, values rising from 12 at 6am to peak 23 at 2pm, then down to 17 at 6pm]

Challenge yourself
a 2 pm **b** 11 °C **c** 19 °C

How am I doing? pp62–63

1. **a** | 28 | **35** | 42 | **49** | **56** | 63 | **70** | 77 |

   b | 98 | **86** | 74 | **62** | **50** | 38 | **26** | 14 |

2. Example of workings:
   £4·50 × 3 = £13·50
   £13·50 + £12·99 = £26·49
   £50·00 − £26·49 = £23·51
   Jacob does not have enough money for the trainers, he only has £23·51 left.
3. **a** 50% **b** 50% **c** 100% **d** 20% **e** 25% **f** 80%
4. **a** 15, 50, 35 **b** 22, 18, 4 **c** 40, 90, 50 **d** 1, 2, 5, 10
   e 1, 2, 4, 8
5. **a** 4 **b** 16 **c** 25 **d** 100 **e** 49 **f** 9
6. **a** $15\frac{6}{10}$ **b** $12\frac{1}{10}$ **c** $9\frac{53}{100}$ **d** $11\frac{94}{100}$
7. **a** ml **b** litres **c** ml **d** litres

A4

There are 360° in a circle.

A right angle is 90°.

A straight line is 180° ($\frac{1}{2}$ of 360°).

QUICK TIP! Did you know, all the angles inside a triangle always add up to 180°?

3. Match the angles, so the two angles joined together will make a straight line (180°).

a. 82°
b. 120°
c. 94°
d. 133°
e. 69°

47°
98°
111°
60°
86°

| 0 | Tough | OK | Got it! | 12 |

Total 12

Challenge yourself

Calculate the missing angles.

a. 56° ?
b. 135° ?
c. 11° ?
d. ? 255°
e. ? 198°

Lesson 16

Fractions

To find $\frac{1}{2}$ of a number, divide it by **2**.

$\frac{1}{2}$ of 6 = 3

To find $\frac{1}{5}$ of a number, divide it by **5**.

$\frac{1}{5}$ of 10 = 2

1. What is …

   a $\frac{1}{2}$ of 10? _5_

   b $\frac{1}{4}$ of 8? _2_

   c $\frac{1}{3}$ of 24? _9_

   d $\frac{1}{6}$ of 36? _6_

   e $\frac{1}{4}$ of 20? _5_

   f $\frac{1}{5}$ of 35? _7_

   g $\frac{1}{2}$ of 42? _21_

   h $\frac{1}{6}$ of 54? _9_

   i $\frac{1}{5}$ of 25? _5_

   j $\frac{1}{3}$ of 27? _7_

2. Place these fractions in order of size, smallest first.

   a $\frac{1}{3}$ $\frac{1}{10}$ $\frac{1}{2}$ $\frac{1}{10}$ $\frac{1}{3}$ $\frac{1}{2}$

   b $\frac{1}{5}$ $\frac{1}{3}$ $\frac{1}{10}$ $\frac{1}{3}$ $\frac{1}{5}$ $\frac{1}{10}$

   c $\frac{1}{6}$ $\frac{1}{3}$ $\frac{1}{4}$ $\frac{1}{3}$ $\frac{1}{4}$ $\frac{1}{6}$

   d $\frac{1}{2}$ $\frac{2}{9}$ $\frac{3}{4}$ $\frac{1}{2}$ $\frac{3}{4}$ $\frac{2}{9}$

   e $\frac{3}{10}$ $\frac{2}{3}$ $\frac{1}{5}$ $\frac{1}{5}$ $\frac{2}{3}$ $\frac{3}{10}$

   f $\frac{1}{6}$ $\frac{2}{4}$ $\frac{1}{3}$ $\frac{1}{3}$ $\frac{1}{6}$ $\frac{2}{4}$

   g $\frac{1}{6}$ $\frac{2}{10}$ $\frac{5}{9}$ $\frac{1}{6}$ $\frac{5}{9}$ $\frac{2}{10}$

   h $\frac{1}{5}$ $\frac{3}{10}$ $\frac{1}{4}$ $\frac{1}{5}$ $\frac{1}{4}$ $\frac{3}{10}$

3. Write the fraction shown in each picture then write an equivalent fraction for it.

a = $\frac{2}{5}$ Equivalent fraction = _____

b = $\frac{1}{6}$ Equivalent fraction = _____

c = $\frac{3}{4}$ Equivalent fraction = _____

d = $\frac{3}{6}$ Equivalent fraction = _____

e = $\frac{2}{8}$ Equivalent fraction = _____

4. Complete the sums. Watch out, some of these are tricky.

a $\frac{1}{3} + \frac{1}{3} = \frac{2}{3}$

b $\frac{2}{4} + \frac{2}{8} = \frac{4}{8}$

c $\frac{2}{10} + \frac{1}{5} = \frac{3}{10}$

d $\frac{3}{6} - \frac{2}{6} = \frac{1}{6}$

e $\frac{9}{12} - \frac{5}{12} = \frac{4}{12}$

f $\frac{3}{4} - \frac{1}{8} = \frac{2}{8}$

g $\frac{1}{2} \times 2 = \frac{1}{4}$

h $\frac{1}{4} \times 5 = \frac{1}{20}$

i $\frac{1}{3} \times 6 = \frac{1}{12}$

j $\frac{1}{6} \times 3 = \frac{1}{12}$

| 0 | Tough | OK | Got it! | 32 |

Total 32 / 32

Challenge yourself

Find the answers.

a Daniel drank 200 ml. What fraction of a litre did he drink? _____

b What fraction of a week is the weekend? _____

c Callie was awake for 18 hours on Tuesday.

What fraction of the day was she awake for? _____

d Tom's house is 400 m from school. He walks to and from school each day.

What fraction of a km does he walk in one day? _____

Mass

Lesson 17

Mass = how heavy something is.

1 kilogram (kg) = 1000 grams **(g)**

1. **Underline the correct mass for each sentence. Do you think …**

   a   a pet cat is approximately $\frac{1}{2}$ kg,   3 kg,   15 kg?

   b   your pencil is approximately   5 g,   50 g,   500 g?

   c   a sugar cube is approximately   1 g,   10 g,   100 g?

   d   a bag of potatoes is approximately   3 kg,   100 kg, 300 kg?

   e   a cup of flour is approximately   800 g, 80 g,   8 g?

2. **Which unit of mass would you use to measure …**

   a   a mouse? _____   b   a letter? _____

   c   a computer? _____ d   a DVD case? _____

   e   a T-shirt? _____   f   a table? _____

3. **Convert these measurements.**

   a   3 kg = _____ g   b   500 g = _____ kg

   c   2.5 kg = _____ g   d   1250 g = _____ kg

36

4. **Scales measure the weight of something.**
   What weight do these scales show?

   a _____40_____ kg

   b _____ kg

   c _____ kg

   d _____ kg

   e _____ g

   f _____ g

| 0 | Tough | OK | Got it! 20 |

Total ☐/20

Challenge yourself

Change this ginger-biscuit recipe for 6 people to a recipe for 9 people.

for 6 people
- 126 g flour
- 50 g fat
- 80 g sugar
- 2 tablespoons treacle
- 1 teaspoon ground ginger

for 9 people
- _____ g flour
- _____ g fat
- _____ g sugar
- _____ tablespoons treacle
- _____ teaspoon ground ginger

Lesson 18

Area

Area is the space **inside** a 2D shape.
To find the area of this rectangle, use square centimetres (cm²).

3 cm

5 cm

Count the number of squares inside the rectangle.
There are 15. The area is 15 cm².

You do not need to count the squares if you know how long the sides of the rectangle are.

Look carefully at the rectangle.
length × width = area
5 cm × 3 cm = 15 cm²
The area is 15 cm².

1. Find the area of each rectangle.

    a   4 cm, 5 cm   = 5 cm × 4 cm = __20__ cm²

    b   2 cm, 7 cm   = 7 cm × 2 cm = _____ cm²

    c   4 cm, 10 cm = 10 cm × 4 cm = _____ cm²

d 6 cm / 3 cm = _____ × _____ = _____ cm²

e 7 m / 17 m = _____ × _____ = _____ m²

f 4 m / 15 m = _____ × _____ = _____ m²

2. What is the area of a rectangle with …

   a a length of 6 cm and width of 5 cm? _____   **b** a length of 9 m and width of 4 m? _____

   c a length of 8 cm and width of 7 cm? _____   **d** a length of 10 m and width of 9 m? _____

0 Tough   OK   Got it! 9   Total /9

Challenge yourself

Find the area of these irregular shapes.
Hint: Work out the area of the rectangles and add their totals together.

a 5 cm / 5 cm / 2 cm / 7 cm   _____ cm²

b 12 cm / 5 cm / 10 cm / 18 cm   _____ cm²

Lesson 19

Shape

Look carefully at these triangles.
Each triangle is slightly different.

equilateral triangle   **isosceles** triangle   **scalene** triangle   **right-angled** triangle

1. **Answer these questions.**

   a Which triangle has two angles equal in size? _____

   b Which triangle has no two sides equal? _____

   c Which triangle always has a 90° angle? _____

2. **Cover the triangles at the top of the page.**

   Now draw your own triangles.
   Make each triangle slightly different to the one drawn at the top of the page.
   (*1 mark for each*)
   Label each triangle as either a regular or an irregular polygon.

equilateral triangle	isosceles triangle	scalene triangle	right-angled triangle

3. **Name this 2D shape.**

   > The opposite sides of this shape are parallel and equal.
   > The diagonals bisect one another and all four angles are equal.

   _____

4. **Write an everyday object that is the same shape as these 3D shapes.**

   a cuboid _____   b cube _____

   c cylinder _____   d sphere _____

The **net** of a 3D shape is …
the 2D shape on paper that can be
cut out and made into the 3D shape.

---

5. **Write down the 3D shapes these nets belong to.**

   a _____   b _____

   c _____   d _____

			Total
0 Tough	OK	Got it! 14	/14

Challenge yourself

Draw eight nets of a cube. Each net must be different!

41

How am I doing?

1. **Fill in the gaps.**

   a 57 + _____ = 100

   b 28 + _____ = 100

   c _____ + 17 = 100

   d 99 + _____ = 100

2. **Fill in the gaps in the following sentences.**

   a 43 369 rounded to the nearest hundred is _____.

   b 88 721 rounded to the nearest ten thousand is _____.

   c 535 971 rounded to the nearest hundred thousand is _____.

3. **Complete these multiplications.**

   a   223
       × 4
       _____

   b   956
       × 5
       _____

   c   172
       × 26
       _____

4. **Divide the following.**

   a 4) 52

   b 6) 96

   c 5) 76

   d 6) 576

   e 3) 294

   f 7) 394

5. **Fill in the missing numbers.**

   a 117 − 34 = 83   83 + 34 = _____

   b 27 × 8 = 216   216 ÷ 8 = _____

   c 365 + 456 = 821   821 − 365 = _____

   d 1 064 ÷ 56 = 19   56 × 19 = _____

6. **Fill in the missing angle:**

   a 65°   _____°

   b 110°   _____°

7. What is ...

   a $\frac{1}{3}$ of 9? _____
   b $\frac{1}{5}$ of 25? _____
   c $\frac{1}{2}$ of 24? _____

   d $\frac{1}{10}$ of 60? _____
   e $\frac{1}{4}$ of 16? _____
   f $\frac{1}{6}$ of 12? _____

8. What weight do these scales show?

   a _____ kg
   b _____ g
   c _____ kg

9. Find the area of each rectangle.

   (rectangle: 6 cm × 3 cm)
   (rectangle: 2 cm × 8 cm)

   a _____ × _____ = _____ cm²
   b _____ × _____ = _____ cm²

10. Draw these triangles.

    a isosceles triangle
    b scalene triangle

Total /35

43

Lesson 20

Number sequences

Look at these number lines.
Rule: **the numbers decrease 6 at a time**.

| 67 | 61 | 55 | 49 | 43 | 37 | 31 | 25 | 19 | 13 | 7 |

Rule: **the numbers increase 11 at a time**.

| 26 | 37 | 48 | 59 | 70 | 81 | 92 | 103 | 114 | 125 | 136 |

1. Finish the number sequence and write the rule.

   a | 35 | 31 | 27 | 23 | 19 | 15 | 11 | | | | |

   Rule: _____

   b | 37 | 46 | 55 | 64 | 73 | 82 | 91 | | | | |

   Rule: _____

   c | 31 | 46 | 61 | 76 | 91 | 106 | 121 | | | | |

   Rule: _____

   d | 163 | 156 | 149 | 142 | 135 | 128 | 121 | | | | |

   Rule: _____

   e | −12 | −4 | 4 | 12 | 20 | 28 | 36 | | | | |

   Rule: _____

44

2. Fill in the gaps in these number lines.

a | −7 | −1 | 5 | | 17 | | 29 | | | 47 | 53 |

b | 303 | | 283 | | 263 | | | 233 | | | 203 |

c | 57 | | 75 | | 93 | | 111 | | 129 | | 147 |

3. Count on in 7s from 0. Colour the numbers red.

What do you notice?

_____

_____

If you went on, would 100 be in your sequence?

_____

0	1	2	3	4	5	6	7	8
9	10	11	12	13	14	15	16	17
18	19	20	21	22	23	24	25	26
27	28	29	30	31	32	33	34	35
36	37	38	39	40	41	42	43	44
45	46	47	48	49	50	51	52	53
54	55	56	57	58	59	60	61	62
63	64	65	66	67	68	69	70	71
72	73	74	75	76	77	78	79	80

0 Tough   OK   Got it! 9

Total 9

Challenge yourself

Complete the table below by increasing the numbers in each row ...

a in 4s   b in 8s   c in 12s

a	4						
b	8						
c	12						

What do you notice?

_____

Lesson 21

Problems with money

Often, without realising it, we solve problems with money.

When you choose a packet of sweets to buy, do you ever wonder if you have enough money left to buy a few more?

Before attempting a money problem, think carefully about the operation or operations (+, −, ×, ÷) you need to use to solve it.

1. Solve the following problems.

   a Tuhil's mum bought him a pair of trousers that cost £15·99, a jumper for £12·50 and a new pair of shoes for £24·95.

   How much money did she spend? _____

   b What was the price of these items before the sale?

   HALF PRICE SALE

   Tennis racket NOW £18·25

   Hockey sticks NOW £6·35

   Football NOW £9·45

   Tennis racket _____

   Hockey stick _____

   Football _____

   c If a packet of stickers costs 55p, how much would 21 packets cost? _____

46

d Six people won £363 036 between them on the lottery.

How much did each person get? _____

e You have £1 worth of coins.
(4 × 1p, 3 × 2p, 4 × 5p, 3 × 10p, 2 × 20p)
Can you find at least ten different ways of using the coins to pay 45p exactly?

f You have three 26p stamps and three 10p stamps.
Find all the different amounts you could stick on a parcel.

| 0 | Tough | OK | Got it! | 6 |

Total / 6

Challenge yourself

Converting to foreign currency.

The exchange rates for £1 are:

Bureau de change

A$2·40
€1·50

A$ = Australian dollars
€ = euros

QUICK TIP!
Exchange rate for £1 = how much foreign currency you would get for a pound.

How many dollars and euros do you get for £3?

dollars _____ euros _____

Lesson 22

Percentages

Percentages are a way of dividing whole numbers into hundredths.

A percentage is the number of parts in every 100.

century = 100 years
per cent = in every 100
1 per cent = 1 in every 100
50 per cent = 50 in every 100

QUICK TIP!
% is the sign for **per cent**.

1 per cent can be written as $\frac{1}{100}$ or **1%**

50 per cent can be written as $\frac{50}{100}$ or **50%**

1. **Look at this table.**

Fraction	Decimal	Percentage
1	1·0	100%
$\frac{1}{2}$	0·5	50%
$\frac{1}{4}$	0·25	25%
$\frac{1}{10}$	0·1	10%
$\frac{1}{100}$	0·01	1%

QUICK TIP!
Don't forget to write the percentage sign.

Write the percentage that is the same as these fractions and decimals.

a $\frac{1}{4}$ = _25%_

b $\frac{1}{10}$ = _____

c 0.5 = _____

d 1 = _____

e $\frac{1}{100}$ = _____

f 0.1 = _____

g $\frac{1}{2}$ = _____

h 0.25 = _____

i 1.0 = _____

j 0.01 = _____

If $\frac{1}{10}$ = 10% $\frac{8}{10}$ = 8 × 10% = 80%

If $\frac{1}{4}$ = 25% $\frac{3}{4}$ = 3 × 25% = 75%

2. Write the percentages for the following fractions.

a $\frac{2}{10}$ = __20%__

b $\frac{1}{2}$ = _____

c $\frac{6}{100}$ = _____

d $\frac{2}{4}$ = _____

e $\frac{7}{10}$ = _____

f $\frac{89}{100}$ = _____

g $\frac{46}{100}$ = _____

h $\frac{2}{2}$ = _____

i $\frac{23}{100}$ = _____

3. What percentage of the shape below is shaded?

a __50%__

b _____

c _____

4. Colour in the correct percentage on these shapes.

a 20%

b 75%

c 70%

| 0 | Tough | OK | Got it! | 22 |

Total
22

Challenge yourself

Find ...

a 50% of £100 = __£50__

b 10% of £100 = _____

c 70% of 100 cm = _____

d 20% of 100 books = _____

e 1% of 100p = _____

f 50% of £60 = _____

g 25% of £60 = _____

h 10% of 50 cm = _____

i 75% of 80 m = _____

Lesson 23

Multiples and factors

> A **multiple** is a number that can be divided **exactly** by a smaller number.
>
> **30, 15, 10, 25, 45** are all multiples of **5**.
>
> All these numbers divide exactly by 5.

1. Ring the numbers in the box that are multiples of

a 3 | 8   (18)   25   (30)   (24)   5   (21)

b 5 | 15   18   32   20   43   7   50

c 2 | 27   16   33   22   19   10   6

d 10 | 69   30   45   90   38   80   21

e 6 | 59   18   61   36   21   54   12

f 7 | 38   49   77   9   22   39   56

g 4 | 9   55   37   29   16   36   24

h 8 | 67   24   40   19   56   79   25

A **factor** is a number that can be divided **exactly** into a bigger number.

15 has 4 numbers that divide equally into it.

1, **3**, **5** and **15** are factors of **15**.

15 has 4 factors.

The **factor pairs** of 15 are

1 and 15 (as 1 × 15 = 15)

3 and 5 (as 3 × 5 = 15)

2. First list the factors then list the factor pairs of these numbers. *(5 marks)*

Number	Factors	Factor pairs
8		
9		
10		
22		
36		

0 — Tough — OK — Got it! — 12

Total / 12

Challenge yourself

Complete this Venn diagram to find the factors common to both 40 and 60.

Factors of 40   Factors of 60

51

Lesson 24

Square numbers

The square of a number is the number multiplied by itself.
Write the calculation like this ... $3^2 = 9$

$$3 \times 3 = 9$$

$$3 \quad 3 \quad 3 = 9$$

Look!
When the answer is drawn it looks like a square.

1. Fill in the gaps.

    a $6 \times 6 = 6^2 =$ _____   = __36__

    b $2 \times 2 = 2^2 =$ _____   = _____

    c $5 \times 5 =$ _____ = _____   = _____

    d $8 \times 8 =$ _____ = _____   = _____

    e _____ $\times$ _____ = $10^2 =$ = _____

    f _____ $\times$ _____ = $4^2 =$ = _____

2. **Answer the following.**

1^2 = _1_

2^2 = _4_

3^2 = _____

4^2 = _____

5^2 = _____

6^2 = _____

7^2 = _____

8^2 = _____

9^2 = _____

10^2 = _____

Use this space to continue drawing the squares in order. Draw a square around the shape.

	Tough	OK	Got it!	
0				6

Total

6

Challenge yourself

When a number is multiplied by itself and then by itself again it is known as a cube number. The calculation is written like this …

$3^3 = 3 \times 3 \times 3 = 27$

Find these cube numbers.

a $1^3 = 1 \times 1 \times 1 =$ _____

b $2^3 = 2 \times 2 \times 2 =$ _____

c $3^3 = 3 \times 3 \times 3 =$ _____

d $4^3 = 4 \times 4 \times 4 =$ _____

e $5^3 = 5 \times 5 \times 5 =$ _____

f $6^3 = 6 \times 6 \times 6 =$ _____

Lesson 25

Decimals

In decimals, the **decimal point** (·) separates the whole numbers from the numbers that are less than 1. Everything before the decimal point is a whole number. Everything after it is a fraction.

```
10                          11                          12
|--+--+--+--+--+--+--+--+--+--+--+--+--+--+--+--+--+--+--+--|
   ↑              ↑              ↑              ↑
  10·2          10·89          11·5           11·91
```

Look at the arrows and decimals written below the number line.

10·**2** is equivalent to 10 whole numbers and **2 tenths**.
11·**91** is equivalent to 11 whole numbers and **91 hundredths**.

1. Round to the nearest whole number.

   a 10·15 rounded to the nearest whole number is __10__.

   b 12·32 rounded to the nearest whole number is _____.

   c 13·9 rounded to the nearest whole number is _____.

   d 17·6 rounded to the nearest whole number is _____.

   e 21·23 rounded to the nearest whole number is _____.

```
15         16         17
|++++++++++|++++++++++|
   ↑            ↑
  15·3        16·57
```

15 whole numbers and 3 tenths
15·3 can also be written as a **mixed number** $15\frac{3}{10}$

16 whole numbers and 57 hundredths
16·57 can also be written as a mixed number $16\frac{57}{100}$

---

2. Write each of these decimal numbers as a mixed number.

   a 16·81 = __$16\frac{81}{100}$__   b 21·36 = __$21\frac{36}{100}$__

   c 19·7 = _____   d 36·54 = _____

   e 67·29 = _____   f 59·4 = _____

Do you remember?

$\frac{5}{10}$ is the same as $\frac{1}{2}$ $\frac{5}{10} = \frac{1}{2}$

So **2·5 = 2$\frac{1}{2}$**

```
         2         2¼         2½         2¾         3
         |─────────|──────────|──────────|─────────|
        2·0  2·1  2·2  2·3  2·4  2·5  2·6  2·7  2·8  2·9  3·0
                      ↑                        ↑
                    2·25                     2·75
```

3. Match the equivalent numbers with a line.

   a   2·75 ●   ● 6$\frac{1}{4}$

   b   4·5 ●   ● 2$\frac{3}{4}$

   c   6·25 ●   ● 3$\frac{3}{4}$

   d   3·75 ●   ● 4$\frac{1}{2}$

0			12
Tough	OK	Got it!	

Total / 12

Challenge yourself

Write these numbers in order, smallest first.

| 2·1 | 2·3 | 2$\frac{1}{2}$ | 2·8 | 2$\frac{1}{4}$ | 2·6 |

2·1 _____ _____ _____ _____ _____

Lesson 26

Solving problems

> Solving problems in maths is a way of playing with numbers. Approach each problem as a challenge!
>
> Calculators can help to speed up the process of finding the answer.

1. Is it true that the product of any two consecutive numbers is even? _____

For your workings

2. 2 squares can make 1 rectangle,

and 4 squares can make 2 different rectangles.

    a How many squares are needed to make three different rectangles? _____

    b How many squares are needed to make four different rectangles? _____

3. A prime number is a number that can only be divided by 1 and itself.
   a Write all of the prime numbers between 10 and 30.

   _____   _____   _____   _____   _____   _____

   b What do all of the prime numbers you have written have in common?

   _____

   c When you add together any two of the prime numbers you have written, what do you notice?

   _____

4. Solve these roman numeral number sentences.
   Write your answers in roman numerals!

   a C + L = _____   b C + LX = _____

   c XC − XIV = _____   d M − D = _____

   e XX − VIII = _____   f XL + XL = _____

| 0 | Tough | OK | Got it! | 12 | Total |

Challenge yourself

Each △ represents a missing digit. They can be different numbers.

Use a calculator to help you complete the number sentence.

△△ × 4△ = 2 688

Lesson 27

Capacity

Capacity = the amount of space inside something

1 Litre

1 litre **(l)** = 1000 millilitres **(ml)**

1. **Underline the correct capacity for each sentence. Do you think ...**

   a a raindrop is approximately   1 ml,   100 ml,   500 ml?

   b a carton of milk is approximately   1 litre, 10 litres, 100 litres?

   c a mug is approximately   35 ml,   350 ml,   3 500 ml?

   d a family-sized ice-cream tub is approximately   0.3 litres, 3 litres, 30 litres?

   e a jam jar is approximately   2 ml,   25 ml,   250 ml?

2. **Which unit would you use to measure ...**

   a the capacity of a bath? _____

   b the capacity of an egg cup? _____

   c a bottle of lemonade? _____

   d the capacity of a fish tank? _____

3. **Convert these measurements.**

   a 4 litres = _____ ml   b 250 ml = _____ litres

   c 0.5 litres = _____ ml   d 3 000 ml = _____ litres

4. **Cylinders with millilitres marked on the side can be used to measure capacity. Read the capacities below.**

a _____ ml

b _____ ml

c _____ ml

d _____ ml

e _____ ml

f _____ ml

0			19	Total
Tough	OK	Got it!		/19

Challenge yourself

Solve these problems.

a Dad makes 3 litres of soup on Bonfire night. One cup of soup holds 250 ml. How many people can have a cup of soup? _____

b A car is filled with 20 000 millilitres of petrol. How many litres is this? _____

Lesson 28

Line graphs

A **line graph** shows information in a simple way.

The line graph below shows the temperature outside on a day in January.

QUICK TIP! The dots on a line graph are joined to **clearly** show the changes made over time.

Temperature on 24th January

(Graph shows temperature in °C on y-axis from 1 to 12, time on x-axis from 6 am to 6 pm. Points: 6 am = 1°C, 8 am = 4°C, 10 am = 7°C, 12 pm = 8°C, 2 pm = 7°C, 4 pm = 6°C, 6 pm = 4°C.)

1. **Look at the line graph and answer the following questions.**

    a At what time was the temperature 1°C? _____

    b At what time was the temperature at its highest point? _____

    c What is the temperature at 4 pm? _____

    d How much did the temperature drop between 12 noon and 2 pm? _____

    e How many degrees did the temperature rise from 6 am to 12 noon? _____

2. Draw a line graph showing the following information.
Remember to join the dots. *(8 marks: 1 per dot, 1 for line)*

The temperature on 31st July							
Time	6 am	8 am	10 am	12 noon	2 pm	4 pm	6 pm
°C	12	13	15	19	23	21	17

Temperature on 31st July

QUICK TIP! ⦀ is a way of showing that the numbers between 0 and 10 have been omitted to keep the graph from being too big.

Tough — OK — Got it! Total /13

Challenge yourself

Use the graph you have drawn to answer the following questions.

a What was the hottest time of the day? _____

b How many degrees did the temperature rise between 6 am and 2 pm? _____

c What was the temperature at 12 noon? _____

How am I doing?

1. **Fill in the gaps in the number lines.**

   a | 28 | 42 | | | 63 | 77 |

   b | 98 | 74 | | | 38 | 14 |

2. **Solve the following problem.**
   Jacob was given £50 for his birthday. He spent £12·99 on a DVD and bought three albums from iTunes for £4·50 each.
   He then found a pair of trainers he wanted to buy for £25·00. Did he have enough money left to buy them? _____
   How much money did he have left? _____

   For your workings

3. **Fill in the missing percentages.**

   a $\frac{1}{2}$ = _____ %

   b 0·5 = _____ %

   c 1 = _____ %

   d $\frac{1}{5}$ = _____ %

   e 0·25 = _____ %

   f $\frac{4}{5}$ = _____ %

4. Ring the numbers in the box that are multiples of …

a 5 | 21   36   15   46   50   35   6

b 2 | 13   22   37   18   7   4   9

c 10 | 18   40   31   90   28   64   50

List the factors for these numbers.

d 10 | ____ ____ ____ ____

e 8 | ____ ____ ____ ____

5. Work out the following square numbers.

a 2^2 = _____   b 4^2 = _____

c 5^2 = _____   d 10^2 = _____

e 7^2 = _____   f 3^2 = _____

6. Write these numbers as fractions.

a 15·6 = 15 $\frac{}{10}$ b 12·1 = _____

c 9·53 = _____   d 11·94 = _____

7. Which unit, litres or millilitres, would you use to measure the capacity of a …

a mug? _____

b bucket? _____

c baby bottle? _____

d paddling pool? _____

Total / 28

Try the 10–11 years book

Lesson 1 — **Numbers and place value**

ten million	million	hundred thousand	ten thousand	thousands	hundreds	tens	units
1	0	0	0	0	0	0	0

Ten million

1. **Write the written number in numerals.**

    a six million, thirty-eight thousand and two _____

    b nine million, one hundred thousand and fifty-five _____

    c three million, five hundred and seventy-seven thousand and eleven _____

    d five million, eight hundred and one thousand, three hundred and sixty _____

    e nine million, nine hundred and ninety-nine thousand, nine hundred and nine _____

2. **What number needs to go in the box?**

    a 2 678 450 = 2 000 000 + 600 000 + _____ + 8 000 + 400 + 50 + 0

    b 8 878 676 = 8 000 000 + 800 000 + 70 000 + _____ + 600 + 70 + 6

    c 3 585 732 = _____ + 500 000 + 80 000 + 5 000 + 700 + 30 + 2

    d 9 999 999 = 9 000 000 + 900 000 + _____ + 9 000 + 900 + 90 + 9

    e 1 213 141 = 1 000 000 + 200 000 + 10 000 + 3 000 + _____ + 40 + 1

3. **Write these numbers as words.**

    a 4 323 675 _____

    b 308 004 _____

    c 7 004 399 _____